Fiche **philosophe**

Par Philippe Staudt

Leibniz

LePetitPhilosophe.fr

LEIBNIZ

PHILOSOPHE ALLEMAND FONDATEUR D'UN SYSTÈME QUI CHERCHE À CONCILIER LE SAVOIR ET LA LIBERTÉ

- **Né en 1646 à Leipzig**
- **Décédé en 1716 à Hanovre**
- **Quelques-unes de ses œuvres :**
  - *Nouveaux Essais sur l'entendement humain* (1704)
  - *Essais de théodicée* (1710)
  - *Monadologie* (1714)

Gottfried Wilhelm Leibniz est un génie universel. Il s''intéresse à **tous les domaines de la connaissance** : philosophie du droit, logique, mathématiques, linguistique, métaphysique, théologie, histoire, physique, biologie, alchimie, etc. L'objectif principal de son œuvre consiste à **décrire un monde parfaitement rationnel tout en garantissant la liberté de l'homme**. Si tout est déterminé par avance, si chaque chose a sa raison, l'homme n'est cependant pas abandonné à la fatalité d'un monde indifférent au bien et au mal. Leibniz relie ainsi la grande ambition de son siècle, à savoir l'édification d'une connaissance rationnelle de la nature, à l'idée d'un monde moralement bon créé par Dieu. Les lois de la nature n'ont de sens que par rapport au projet divin de créer un monde à son image. La rationalité des phénomènes naturels est le témoin de la bonté et de la grandeur divines. Foi et raison ne s'opposent pas ; au contraire, elles se complètent.

BIOGRAPHIE

UN ENFANT STUDIEUX

Leibniz baigne dès son plus jeune âge dans un **environnement à la fois savant et religieux**. Il nait en effet en **1646** d'un **père professeur de science morale** à l'université et dans une ville, **Leipzig**, qui depuis un siècle est le foyer de la **Réforme luthérienne**.

Enfant **brillant et studieux**, il entre à quinze ans à l'université, où il étudie **la philosophie, le droit et les mathématiques**. Deux ans plus tard, il soutient sa thèse de baccalauréat sur un sujet qui le poursuivra toute sa vie : le principe d'individuation (relatif à la distinction d'un individu par rapport à ceux de la même espèce ou du même groupe). Il termine ses études en **1667** en obtenant un **doctorat en droit**.

BON À SAVOIR

La Réforme luthérienne ou Réforme protestante est initiée par Martin Luther (1483-1546), un moine allemand, qui publie au début du XVIe siècle une série de thèses qui remettent en question l'autorité de l'Église chrétienne. En faisant de la Bible la seule source de l'autorité religieuse, Luther conteste le pouvoir du clergé. Le salut de l'homme dépend désormais d'un lien individuel à Dieu fondé sur la foi et la grâce. Ces thèses entraineront la division des chrétiens entre catholiques et protestants, et provoqueront, pendant près de deux siècles, de violents affrontements à travers toute l'Europe.

UN FERVENT PATRIOTE

Nommé conseiller à la Cour suprême de Mayence en **1667**, il s'occupe de **missions diplomatiques**. L'Allemagne est depuis le début du XVIIe siècle le champ de bataille de l'Europe : les troupes du roi de France Louis XIV (1638-1715) poursuivent les affrontements de la **guerre de Trente Ans** sur les terres du Saint Empire romain germanique. Leibniz, **fervent patriote**, espère **fonder une Allemagne forte et unie**. Son patriotisme n'a alors d'égal que sa volonté de réconciliation des Églises protestante et catholique. Or, pour réaliser ses projets, il doit détourner les appétits de puissance du jeune roi français qui divisent les cours allemandes.

Il entame ainsi un **voyage à Paris en 1672** avec une idée folle : **projeter l'ambition de Louis XIV sur l'Égypte** dans le but d'épargner l'Allemagne et d'unir les nations chrétiennes. En effet, comme six siècles plus tôt, Leibniz entend sauver l'Europe en lançant le projet d'une croisade contre les mécréants. Malheureusement, la guerre reprend avant qu'il n'atteigne Paris. Il s'occupera alors principalement de **rencontrer des hommes de sciences et de lettres** : Antoine Arnauld (1612-1694) ou Nicolas Malebranche (1638-1715) ou encore Christiaan Huygens (1629-1695).

L'HEURE DES DÉCOUVERTES

En 1673, Leibniz rédige la *Confessio philosophi*, qui annonce les grandes lignes de sa philosophie. Il crée aussi une **machine à calculer**, plus performante que celle de Blaise Pascal (1623-1662). Mais c'est l'année suivante, en 1674-1675, qu'il fait sa plus importante découverte : **le calcul infinitésimal**. C'est aussi à cette date que commence la querelle avec les newtoniens pour le titre d'inventeur du calcul infinitésimal. Leibniz, s'il n'a jamais revendiqué l'antériorité de sa découverte sur Isaac Newton (1642-1727), a cependant toujours nié avoir eu connaissance des recherches de l'Anglais.

Il quitte Paris en **1676** pour **Hanovre**, où il s'installe définitivement comme **bibliothécaire et conseiller du duc Jean-Frédéric** de Brunswick-Lunebourg. Sur le chemin, il s'arrête

en Hollande où il rencontre Baruch Spinoza (1632-1677). Il ré-
alise les activités les plus diverses à la maison de Brunswick.
Conseiller politique, philosophe, juriste, historien, linguiste,
directeur de mine… rien ne semble pouvoir résister au génie
de Leibniz.

En **1700**, il devient, à Berlin, **le premier directeur de la
première académie allemande**. Parallèlement, il poursuit
l'élaboration de son système philosophique : il publie no-
tamment les ***Nouveaux Essais sur l'entendement humain***
en 1704, ***Essais de Théodicée*** en 1710 et ***Monadologie*** en
1714. Cependant, bien qu'il fût le principal instigateur à
son époque d'un renouveau des sciences, des lettres, de
la culture et de la langue allemandes, Leibniz **décède en
1716** dans le plus complet dénuement, **oublié de tous ses
contemporains**. Selon les mots d'Yvon Belaval, dans son
introduction à Leibniz, celui-ci fut enterré comme un « véritable chien ». Il n'y a guère que Fontenelle (1657-1757) pour
faire son oraison et commémorer avec l'Académie de Paris
le souvenir de cet éclatant et singulier génie.

CONTEXTE PHILOSOPHIQUE

FOI ET RAISON AU XVIIᵉ SIÈCLE

Le XVIIᵉ siècle est sans conteste traversé par une ligne de **rupture avec la philosophie scolastique**, qui conciliait la pensée aristotélicienne et le christianisme. La philosophie de René Descartes (1596-1650) inaugure **la modernité**, l'autorité de **la raison** venant contester celle de la foi. Désormais, l'homme peut accéder à la vérité en suivant une méthode rationnelle rigoureuse et par un simple effort de sa volonté.

Le siècle n'aura de cesse de discuter, pour les accepter ou les rejeter, **les thèses de Descartes**. Si elles libèrent l'homme de la servitude en mettant les lumières à sa portée, elles menacent aussi la foi en Dieu. C'est en effet **l'époque des démonstrations de l'existence de Dieu** : même la croyance en Dieu a désormais besoin de raisons. Des philosophes comme Blaise Pascal (1623-1662) s'opposent aux prétentions de la raison à tout démontrer, tandis que d'autres, comme Nicolas Malebranche (1638-1715) ou Baruch Spinoza (1632-1677), font de la raison un accès privilégié à Dieu, soit occasionnellement, soit en en faisant un attribut de Dieu lui-même.

LEIBNIZ CONTRE DESCARTES

Leibniz fut certainement l'adversaire le plus redoutable de Descartes. En premier lieu, **Leibniz s'oppose à la définition cartésienne de la vérité par l'évidence**. Selon Descartes, il faut considérer comme vrai ce que la raison reconnait de manière évidente comme tel. Aux yeux de Leibniz, ce critère est psychologique et il ne montre pas l'objectivité de la connaissance. C'est pourquoi, **il remplace l'évidence par un critère logique** : désormais, le critère de la connaissance n'est plus la clarté et la distinction, mais **la non-contradiction**. Démontrer la vérité d'une affirmation, c'est en montrer la possibilité.

L'autre aspect de la philosophie de Descartes critiqué par Leibniz est sa physique. Descartes conçoit la nature entière comme une machine régie par un ensemble de mécanismes. Or **Leibniz s'oppose à la réduction des corps à des principes mécaniques**. À contrecourant de la pensée du XVIIe siècle, **il introduit des éléments de la physique aristotélicienne** dans la physique mécanique : chaque corps est déterminé par un principe d'action appartenant à sa nature, que Leibniz appelle la force. Il redonne ainsi littéralement une âme à la nature.

Il conserve cependant du cartésianisme **la volonté de parvenir à une connaissance rationnelle du monde**. La connaissance prend toutefois un tout autre sens. Elle devient en effet un miroir de Dieu et de sa création, et participe ainsi au progrès spirituel de l'homme. La connaissance est un perfectionnement moral de l'humanité. Celle-ci se rapproche de Dieu par le savoir et la compréhension de la perfection de son œuvre.

PENSÉE ET APPORT

LA SUBSTANCE INDIVIDUELLE OU MONADE

Qu'est-ce que la monade ?

Les philosophes utilisent depuis l'Antiquité la notion de substance pour parler de la réalité d'une chose, de ce qui fait son être.

Leibniz définit la substance par l'individualité. Selon lui, **tout être est original et singulier**. Le monde est constitué d'une composition d'êtres parfaitement irréductibles et autonomes. Il estime qu'être et être « un » sont synonymes. L'être est défini par l'unité et l'unicité. Notons que la philosophie de Leibniz repose fondamentalement sur le **principe des indiscernables** : rien n'est identique, toute chose se distingue d'une autre, même si, pour prouver sa différence, nous devons remonter jusqu'à un niveau infinitésimal d'analyse.

Pour désigner sa conception de l'être, Leibniz forge **le terme de « monade »** (du grec *monas*, « solitaire »). Selon le philosophe, celle-ci ne reçoit pas passivement et du dehors ses déterminations, **elle contient en elle tous ses attributs** (passés, présents et futurs) (citation 1). Elle est donc complètement **hermétique à ce qui lui est extérieur**. Elle est, nous dit le philosophe, « sans porte ni fenêtre sur le monde ».

Toute monade est **caractérisée par une certaine puissance d'agir**. Il s'agit d'une force active qui agit et produit des effets, sans être influencée par l'extérieur. Il arrive ainsi à Leibniz de désigner cette substance individuelle par le nom d'« entéléchie » (dans la philosophie aristotélicienne, principe créateur de l'être) pour préciser, à la suite d'Aristote (384-322 av. J.-C.), que la substance est un principe d'action. Aucun être n'est statique ou inerte, tous sont animés d'une force interne et individuelle. Plus précisément, **ce principe d'animation qui définit l'être est une âme, appelée conatus** (citation 2).

En quoi consiste précisément l'activité de la monade ?

L'activité expressive de la monade

Si chaque monade est hermétique à ce qui lui est extérieur, cela signifie que son activité est spontanée, c'est-à-dire qu'elle n'a pas d'autre cause qu'elle-même. Ainsi l'action de la monade est une expression de son intériorité. Autrement dit, **son activité consiste à exprimer son intériorité**.

Il ne s'agit pas cependant d'une expression de soi. Car en réalité **la monade enveloppe en elle-même le monde entier** : chaque monade contient l'infini. Seulement, la monade est limitée et **ne peut exprimer ou refléter l'infini clairement et distinctement** : elle exprime donc **un point de vue sur le monde**. Mais ce point de vue ne relève pas de l'arbitraire de l'opinion, car toute expression est réglée selon Leibniz par une loi. La monade exprime donc le monde de son point de vue selon une loi parfaitement déterminée.

Pour illustrer cette idée, Leibniz utilise **l'image du théâtre** : tous les spectateurs voient le même spectacle, mais chacun le voit de la place où il se trouve. Le même spectacle se trouve dès lors « exprimé » de diverses manières.

Cette théorie de l'expression permet à Leibniz de résoudre **le problème de la vérité** : comment notre pensée peut-elle représenter adéquatement le monde ? Descartes imagine un Dieu non trompeur comme garantie de la correspondance entre nos représentations et la réalité : Dieu ne peut nous tromper sur l'existence des choses qui nous entourent. Mais Leibniz rejette cette solution et la remplace par **la théorie de l'expression** : l'extérieur devient une expression de notre intériorité. Si le monde entier est enveloppé de manière confuse dans l'âme de chacun, **pour connaitre le monde, il s'agit de développer et d'analyser le contenu de son âme**. Toutefois, nous n'aurons jamais de connaissance claire et distincte, contrairement à ce que prétend Descartes, car seul Dieu peut se représenter parfaitement le monde. Toute connaissance apparait sur un fond infini d'ignorance.

Par ailleurs, la monade étant fermée sur elle-même, **les relations qu'elle entretient avec le monde sont réglées de l'intérieur**. Les monades n'ont **pas d'influence réelle les unes sur les autres**. Leibniz ne nie pas pour autant l'existence de rapports entre les différentes substances. Il les définit comme des rapports d'« entr'expression » : chaque monade exprime les autres monades de son point de vue. Une monade en exprime une autre et réciproquement. Ainsi, les substances s'entr'expriment.

La question du point de vue est importante chez Leibniz. Elle permet en effet de distinguer **différents degrés de perfection entre les êtres** : chaque monade exprime le monde entier, mais l'expression est plus ou moins parfaite selon le point de vue de la monade. Ainsi, si les plantes et les bêtes reflètent le monde, seul **l'homme est une image de Dieu**. L'âme humaine est en effet rationnelle, à la différence de celle des végétaux et des bêtes : c'est ce qui en fait un esprit. Par conséquent, les hommes sont capables d'une expression plus parfaite de l'univers. Autrement dit, ils perçoivent distinctement plus d'être ou de réalité que les plantes ou les bêtes.

Mais comment les esprits parviennent-ils à la connaissance distincte des choses ?

L'ACQUISITION DE LA CONNAISSANCE

Les idées innées et l'expérience

La première thèse originale de Leibniz sur le problème de la connaissance concerne **l'origine de nos idées**. Il recherche en effet une **voie intermédiaire entre** :

- d'une part, l'innéisme de Descartes ;
- d'autre part, l'empirisme de John Locke (1632-1704).

> **BON À SAVOIR**
>
> L'**innéisme** est une doctrine selon laquelle l'esprit contient dès le départ des connaissances.
>
> L'**empirisme** est une doctrine qui soutient au contraire que la connaissance s'acquiert par l'expérience.

Il admet avec le philosophe français que les premiers principes de la connaissance appartiennent à l'âme humaine, sont présents en elle de manière innée. Néanmoins, il défend avec John Locke l'importance de l'expérience. Paradoxalement, selon Leibniz, toutes nos idées sont innées tout en étant acquises par l'expérience.

Qu'est-ce qui explique cette contradiction apparente ? Aux yeux de Leibniz, **si nos idées sont innées, nous n'avons cependant pas nécessairement et immédiatement conscience de leur présence à notre esprit**. L'expérience est alors l'occasion de prendre conscience ou d'apercevoir les idées virtuellement présentes dans notre âme. Cette notion de virtualité est ce qui permet de concilier l'empirisme et l'innéisme : il y a bien des idées présentes au préalable en notre âme, mais, sans l'expérience, nous n'avons pas conscience de leur présence.

On trouve là, trois siècles avant les théories de Sigmund Freud (1856-1939), la première occurrence de **l'hypothèse de l'inconscient**. Leibniz est en effet le premier philosophe à soutenir qu'**il existe des perceptions inconscientes de** l'âme :

- l'âme contient en elle quantité de perceptions, de vérités, présentes en puissance, mais dont elle n'a pas conscience ;
- seul un effort d'aperception, qui consiste en un acte réflexif, lui permet d'actualiser ses connaissances (citation 3).

Leibniz, comme Platon (vers 427-347 av. J.-C.), fait de la connaissance une question de réminiscence : **connaitre,**

c'est se ressouvenir. Néanmoins, à la différence du philosophe grec, il ne conçoit pas ce ressouvenir comme le rappel d'une expérience. La virtualité de nos connaissances ne correspond pas à un ancien présent : nous n'avons jamais vécu ce qui fait l'objet de notre connaissance. Pour comprendre ce que Leibniz entend par connaissance, il est nécessaire de présenter ce qui définit pour lui la vérité.

La définition de la vérité

Leibniz définit la vérité par un **critère logique** et non par un critère psychologique. En effet, la présence de la chose à l'esprit ne suffit pas à rendre compte de sa vérité. Pour Leibniz, **il est essentiel de démontrer la possibilité logique d'une chose pour déterminer sa vérité**, autrement dit de prouver qu'elle est possible. Or une chose est possible quand on parvient à montrer que les prédicats qui la déterminent n'impliquent pas une contradiction. Autrement dit, **la non-contradiction des prédicats exprime la possibilité de la chose**. C'est donc par une analyse logique de nos expressions que nous parvenons à une connaissance distincte des choses.

Leibniz fait une distinction essentielle entre **deux sortes de vérité** (citation 4) :

- **les vérités de fait**, ou vérités contingentes, sont **découvertes par les sens et l'expérience**. Par exemple, la proposition « La maison d'à côté est habitée par un homme roux et par sa femme obèse » ne pourra être confirmée ou infirmée que par l'expérience. Il s'agira de mener une enquête, de se déplacer et de vérifier par l'expérience que les voisins correspondent précisément à la description qui en a été faite ;

- **les vérités de raison**, ou vérités nécessaires, sont **découvertes par l'analyse de la proposition. La proposition** « La maison d'à côté est habitée par un célibataire roux et par sa femme obèse » est d'emblée fausse, car les prédicats « être la femme de » et « être célibataire » sont contradictoires. Logiquement, l'affirmation est donc impossible. Inversement, la proposition « Un triangle a trois angles » est vraie, car les prédicats ne sont pas contradictoires. Par conséquent, avec les vérités de raison, on ne sort pas du pur domaine de l'analyse logique. La possibilité de la chose suffit à démontrer sa vérité. Toutes les vérités mathématiques sont ainsi, pour Leibniz, des vérités de raison. Les vérités de fait, au contraire, ont besoin de l'expérience pour être prouvées : une simple analyse conceptuelle n'est pas suffisante pour démontrer la vérité d'une proposition concernant des faits.

BON À SAVOIR

Le **principe de raison suffisante** est un principe scolastique, repris par Leibniz, selon lequel rien n'arrive dans le monde sans motif ou raison suffisante. Toute existence a nécessairement une raison. La réalité n'est pas absurde. Elle a été voulue en vue d'une fin. Dieu n'a pas créé le monde sans raison.

La compréhension des causes finales

Le principe de non-contradiction suffit-il à la connaissance du monde ? Est-ce que l'on a compris une chose en montrant sa vérité logique ? Pour Leibniz, **la connaissance ne se limite pas à la logique**. Le monde, en effet, est une création de Dieu. Aussi existe-t-il un second principe à prendre en compte à côté du principe de non-contradiction : **le principe du choix le meilleur**. Il s'agit là d'un **critère moral** qui est, selon le philosophe, indispensable (en plus du critère logique) à la connaissance du monde, et surtout à la compréhension du sens de l'existence.

En effet, l'analyse des choses ne nous permet pas de comprendre la raison de leur existence. **Les lois de la nature nous révèlent des rapports de causalité** entre les choses. Par exemple, l'eau change d'état en fonction de la température : on dit que la chaleur est cause efficiente de l'état, liquide, solide ou gazeux, de l'eau. Mais le rapport établi par la science entre l'eau et la chaleur **ne répond pas à la question « pourquoi »**. Or c'est la réponse à cette question qui nous permettrait de comprendre le sens de la loi physique. Cette réponse se trouve pour Leibniz du côté de la morale, non de la science. Ainsi **les causes finales sont nécessaires à la compréhension des causes efficientes**.

Selon le philosophe, **la raison de chaque existence** n'est pas une cause aveugle et indifférente au monde, mais **un choix divin** (citation 5). Si je suis certain que l'eau, en dessous de 0° C, se transformera en glace, c'est parce que je connais la raison des régularités physiques : à savoir, Dieu, créateur du monde et des lois qui le régissent. Par conséquent, **la nature**

et ses lois n'ont de sens que relativement à la volonté divine. Autrement dit, les causes efficientes qui régissent l'ordre du monde n'ont de sens que par rapport au projet divin. **L'ordre du monde est un ordre voulu par Dieu**. La volonté divine rend compte en définitive de l'ordre de la nature.

L'harmonie préétablie

Chaque monade est une création de Dieu. Or **la création de la monade est la création d'une série d'actions et d'évènements**. En effet, tout ce qui arrive à la monade au cours de son existence est contenu en elle. Dieu ne crée pas la monade sans prévoir tout ce qui lui arrivera.

Ainsi les rapports de la monade à tous les êtres composant le monde sont contenus en elle. Prenons un évènement tel qu'un accident de voiture : une voiture emboutit une autre voiture à la sortie d'un parking. Selon la théorie leibnizienne de la causalité, l'évènement n'est **pas dû au hasard**, mais aux lois déterminant les monades des deux conducteurs. Il y a **une harmonie préétablie entre les monades** par laquelle Dieu règle leurs relations.

Mais l'harmonie préétablie n'est-elle pas un euphémisme pour désigner un fatalisme déguisé ? Y a-t-il, dans le monde de Leibniz, de la place pour la liberté humaine ?

LA LIBERTÉ

La contingence du monde

Pour échapper au fatalisme, Leibniz montre avant tout

que le monde réel n'est pas nécessaire. Pour cela, il invente **la théorie des mondes possibles : le monde réel est seulement une possibilité que Dieu a choisi de réaliser parmi une infinité de mondes également possibles**. Ainsi, l'existence de ce monde, de notre monde, relève-t-elle d'un choix. Dieu a choisi ce monde. Or ce qui relève d'un choix n'est pas nécessaire. Par conséquent, **le monde a une existence contingente** : il aurait pu ne pas être ou être autre.

Cela dit, pour Leibniz, chaque chose a une raison : **Dieu n'a pas choisi ce monde sans raison**. La contingence du monde n'est pas synonyme de hasard et d'indétermination. Mais comment Leibniz peut-il parler à la fois de la contingence du monde et de son déterminisme ?

La solution se trouve dans la notion de **nécessité hypothétique**, que Leibniz distingue de la nécessité absolue :

- la nécessité absolue est valable dans tous les mondes possibles et son contraire implique une contradiction.

Ainsi, qu'un triangle possède trois angles est une nécessité absolue ;

- au contraire, la nécessité hypothétique **dépend d'une décision**. Dieu a créé un monde comportant la traitrise de Judas. Cependant, bien qu'il soit certain que Judas trahira le Christ, le monde dans lequel cet évènement se produit n'est pas absolument nécessaire. Ce qui est nécessaire, c'est la traitrise de Judas, non le monde dans lequel elle advient. La nécessité porte sur la conséquence (la traitrise de Judas), non sur la condition (le monde dans lequel Judas trahit le Christ). Un monde comportant un Judas fidèle n'implique pas une contradiction. Par conséquent, ce monde est possible et **la détermination du monde réel n'est qu'hypothétique**.

Ainsi, **le déterminisme de notre monde est l'effet du choix de Dieu, non sa condition**. Autrement dit, le déterminisme, pour Leibniz, a **la liberté pour cause**.

Le libre arbitre humain

Cela ne nous renseigne cependant pas sur la liberté de la volonté humaine. L'homme est-il libre de faire des choix ? Quelle est la valeur des choix de l'homme s'ils ont été prévus de toute éternité par Dieu ?

Tout d'abord, Leibniz s'oppose à la définition du libre arbitre par l'indifférence : l'homme n'est pas face à des choix comme l'âne de Buridan face à des chemins contraires, c'est-à-dire dans une situation d'indifférence. **L'homme perçoit toujours des petites différences qui**, même si elles ne parviennent pas jusqu'à sa conscience, **l'inclinent à préférer**

une possibilité plutôt qu'une autre. C'est ce que Leibniz appelle **l'inquiétude**. Celle-ci ne correspond pas tant à de la peur qu'à de l'intérêt. L'inquiétude est, selon l'étymologie, une absence (*in-*) de tranquillité (*quies* en latin). L'âme, pour Leibniz, est sans cesse agitée par de petites perceptions. C'est pourquoi, **nous sommes toujours contraints de faire des choix**. Notre nature nous oblige à prendre des décisions pour répondre à l'agitation profonde qui bouleverse notre âme. Le libre arbitre n'est pas, par conséquent, contraire à la détermination. Il s'agit d'une **détermination de soi par soi**.

Cependant, le libre-arbitre par lequel le sujet se détermine à agir n'est pas nécessairement conscient. Pour Leibniz, nous pouvons agir librement tout en ignorant les raisons qui nous déterminent à agir.

Le mal

Leibniz distingue trois types de maux :

- le **mal métaphysique** est la condition des deux maux suivants ;
- le **mal moral** est le caractère d'une action ;
- le **mal physique** est le fait de souffrir.

Le mal métaphysique est lié à la finitude de l'homme. Nous disions que les esprits expriment le monde de leur point de vue. Leur perception est donc nécessairement limitée. Le mal est ainsi lié à l'obscurité des hommes. La perfection de l'être et la bonté du monde sont masquées par leur ignorance. Dès lors, **le mal n'est rien, car il est relatif à l'ignorance des hommes**. Si ceux-ci pouvaient voir le monde clairement et distinctement, ils comprendraient la beauté et la bonté du monde.

Le meilleur des mondes

Moquée avec beaucoup d'ironie par Voltaire (1694-1778), la proposition de Leibniz selon laquelle Dieu aurait créé le meilleur des mondes a pourtant un fondement philosophique solide.

Selon la théorie des mondes possibles, **Dieu choisi de réaliser ce monde-ci plutôt qu'un autre**. Mais, en outre, il a choisi de le réaliser **selon le critère du meilleur** (<u>citation 6</u>). En effet, un être parfait ne peut créer quelque chose d'imparfait, car ce serait déroger à sa perfection. On ne peut par conséquent imputer le mal dans ce monde à la volonté divine puisqu'il s'agit d'une imperfection.

Pourquoi Dieu a-t-il donc permis le péché et l'ignorance ? C'est ici que **l'adjectif « meilleur »** prend tout son sens : il **implique proportion et mesure**. C'est après avoir comparé ce monde à l'infinité de tous les mondes possibles que Dieu l'a créé. Il comporte plus de perfection que n'importe quel autre monde. C'est pourquoi il faut conclure que le mal subi au niveau des individus est relatif à la perfection de l'ensemble du monde. Autrement dit, le mal particulier est une condition de la félicité du monde.

Par ailleurs, **« meilleur » n'est pas synonyme de parfait**. Comprendre ce que Leibniz veut dire par l'expression le « meilleur des mondes », c'est comprendre que **Dieu n'a pas voulu créer un monde parfait**. Ce qui n'équivaut pas à affirmer que Dieu aurait créé le mal. Dieu n'a pas voulu la perfection du monde pour deux raisons :

- d'une part, **parce qu'il a voulu l'homme libre**. L'homme, par ses choix, contribue à l'ordre du monde ;
- d'autre part, **parce qu'il a voulu l'homme perfectible**. Cela signifie que l'homme peut améliorer sa nature par ses actes et par le progrès de ses connaissances. Plus l'homme devient expressif, plus il devient libre et donc meilleur. La nature humaine n'est pas un fardeau ni une fatalité. Ainsi, Leibniz se révèle-t-il par le thème du meilleur des mondes possibles un philosophe profondément humaniste (<u>citation 7</u>).

EN RÉSUMÉ

Pour désigner sa conception de **l'être**, Leibniz parle de « monade » : chaque **monade** est originale et singulière, contient en elle tous ses attributs et se caractérise par sa puissance d'agir. Plus précisément, l'activité de la monade consiste à **exprimer son intériorité**, mais il ne s'agit pas d'une expression de soi : la monade enveloppe en elle le monde entier. Seulement, ne pouvant exprimer le monde clairement et distinctement, elle exprime **un point de vue sur le monde**.

Leibniz s'est aussi intéressé à l'acquisition de la connaissance. Selon lui, **toutes nos idées sont innées, mais nous n'avons pas immédiatement conscience de leur présence dans notre esprit**. Seul un acte réflexif nous permet d'actualiser nos connaissances.

Aussi, pour comprendre ce que le philosophe entend par connaissance, il est nécessaire de présenter sa définition de la vérité : **pour déterminer la vérité d'une chose, il faut démontrer sa possibilité logique**. Leibniz distingue deux sortes de vérités : les vérités de fait, découvertes par l'expérience, et les vérités de raison, découvertes par l'analyse logique.

Toutefois, l'analyse logique des choses ne nous permet pas de comprendre la raison de leur existence. Selon le philosophe, **la raison de chaque existence est un choix divin** : l'ordre du monde est voulu par Dieu.

Dès lors, pour échapper au fatalisme, Leibniz montre que

le monde réel est seulement une possibilité que Dieu a choisi de réaliser parmi une infinité de mondes également possibles. En outre, il a choisi de le concevoir **selon le critère du meilleur**. Mais meilleur n'est **pas synonyme de parfait** : Dieu n'a pas voulu créer un monde parfait parce qu'il a voulu l'homme libre et perfectible.

POUR ALLER PLUS LOIN

- BELAVAL (Yvon), *Leibniz. Initiation à sa philosophie*, Paris, Vrin, 2005.
- GAUDEMAR (Martine de), *Le Vocabulaire de Leibniz*, Paris, Ellipses, 2001.
- HUISMAN (Denis), *Dictionnaire des philosophes*, Paris, PUF, 2009.
- LEIBNIZ (Gottfried Wilhelm), *Discours de métaphysique* suivi de *Monadologie*, Paris, Gallimard, 1995.
- LEIBNIZ (Gottfried Wilhelm), *Essais de théodicée*, Paris, GF-Flammarion, 1999.
- LEIBNIZ (Gottfried Wilhelm), *Nouveaux Essais sur l'entendement humain*, Paris, GF-Flammarion, 1966.
- LEIBNIZ (Gottfried Wilhelm), *Œuvres complètes*, Paris, Aubier-Montaigne, 1975.

TESTEZ VOS CONNAISSANCES !

ASSOCIEZ CHAQUE CITATION À L'EXPLICATION QUI LUI CORRESPOND

Citation 1 : « [...] la notion individuelle de chaque personne renferme une fois pour toutes ce qui lui arrivera jamais [...]. » (*Discours de métaphysique*, Paris, Gallimard, 1995, paragraphe 13)

Citation 2 : « [...] chaque corps vivant a une entéléchie dominante qui est l'âme dans l'animal ; mais les membres de ce corps vivant sont pleins d'autres vivants, plantes, animaux, dont chacun a encore son entéléchie, ou son âme dominante. » (*Monadologie*, Paris, Gallimard, 1995, paragraphe 70)

Citation 3 : « [...] il y a mille marques qui font juger qu'il y a à tout moment une infinité de perceptions en nous, mais sans aperception et sans réflexion, c'est-à-dire des changements dans l'âme même dont nous ne nous apercevons pas [...]. » (*Nouveaux Essais sur l'entendement humain*, Paris, GF-Flammarion, 1966, p. 38)

Citation 4 : « Il y a aussi deux sortes de vérités, celles de raisonnement et celle de fait. Les vérités de raisonnement sont nécessaires et leur opposé est impossible, et celles de fait sont contingentes et leur opposé est possible. » (*Monadologie*, Paris, Gallimard, 1995, paragraphe 33)

Citation 5 : « [...] nous considérons qu'aucun fait ne saurait se trouver vrai ou existant, aucune énonciation véritable, sans qu'il y ait une raison suffisante pourquoi il en soit ainsi et non pas autrement [...]. [...] la dernière raison des choses doit être une substance nécessaire [...] : et c'est ce que nous appelons Dieu. » (*Monadologie*, Paris, Gallimard, 1995, paragraphe 32-38)

Citation 6 : « Il y a en Dieu la puissance, qui est la source de tout, puis la connaissance qui contient le détail des idées, et enfin la volonté, qui fait les changements ou productions selon le principe du meilleur. » (*Monadologie*, Paris, Gallimard, 1995, paragraphe 48)

Citation 7 : « [...] les afflictions, temporairement mauvaises, sont bonnes pour leur effet, comme seraient des raccourcis vers une plus grande perfection. [...] Et même pour ajouter à la beauté et à la perfection universelle des œuvres divines, il faut reconnaître un certain progrès perpétuel et absolument illimité de tout l'univers, de sorte qu'il marche toujours vers une plus grande civilisation. » (*De l'origine radicale de toute chose*, in *Œuvres complètes*, tome 1, Paris, Aubier-Montaigne, 1975, p. 344)

Explication a : aucun être vivant n'est statique ou inerte, tous sont animés d'un principe d'animation interne, ou entéléchie, qui est l'âme.

Explication b : la monade contient en elle tous ses attributs passés, présents et futurs.

Explication c : toute existence a nécessairement une raison, une cause finale, et la dernière des causes finales n'est autre que Dieu.

Explication d : l'activité de la monade consiste à exprimer son intériorité, mais il ne s'agit pas d'une expression de soi : étant donné qu'elle contient en elle l'infini, elle exprime un point de vue sur le monde.

Explication e : Dieu est la source de tout ce qui existe et a créé le monde selon le critère du meilleur.

Explication f : le monde réel n'est qu'une possibilité que Dieu a choisi de réaliser parmi une infinité de mondes également possibles. Aussi l'existence de notre monde relève-t-elle d'un choix.

Explication g : l'âme contient en elles quantité de perceptions présentes en puissance dont elle n'a pas conscience ; seul un effort d'aperception, un effort réflexif, peut nous en faire prendre conscience.

Explication h : si le mal existe, c'est parce que Dieu n'a pas voulu créer un monde parfait dans la mesure où il a voulu que l'homme soit perfectible.

Explication i : l'âme étant constamment traversée par de petites perceptions qui nous bouleversent, nous sommes toujours contraints de prendre des décisions ; l'homme possède donc un libre-arbitre.

Explication j : il existe deux sortes de vérités : les vérités de fait, découvertes par l'expérience, et les vérités de raison, découvertes par l'analyse logique.

Rendez-vous sur lepetitphilosophe.fr et découvrez :

Plus de 1200 analyses
Claires et synthétiques
Téléchargeables en 30 secondes
À imprimer chez soi

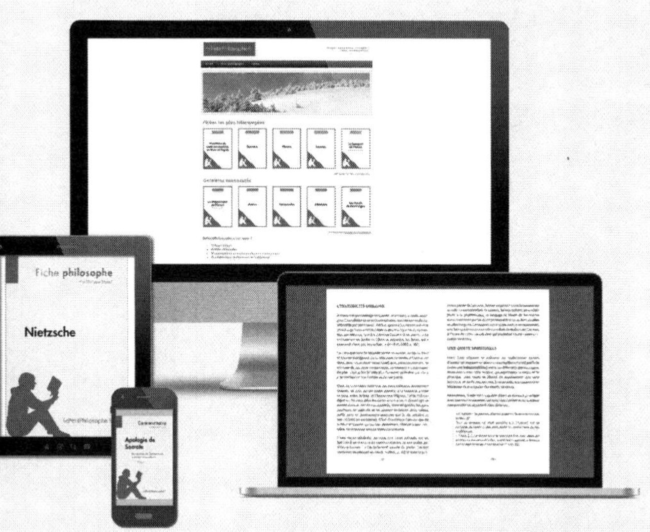

www.lepetitphilosophe.fr

ISBN version numérique : 978-2-8062-4949-4
ISBN version papier : 978-2-8080-0126-7
Dépôt légal : D/2017/12603/510

Conception numérique : Primento,
le partenaire numérique des éditeurs.

Made in the USA
Monee, IL
07 July 2026